当代钧瓷鉴赏与收藏

刘青年 著

华夏出版社

作者简介

刘青年　1945年出生于河南禹州。

多年来专以收藏，鉴赏，解读钧瓷和奇石为最大乐趣，体验淘宝的喜悦，感受天人合一艺术品内在文化的惊喜和快乐。所集藏品力求艺术品位，强调文化内涵。部分藏品和鉴赏文章被《中国收藏》、《宝藏》、《中国钧瓷》、《河南陶瓷》、《中华奇石》、《赏石》、《中华名家藏石宝典》、《中国藏石名家经典》、《中国名家石谱》、《地质旅游》、《许昌晨报》、《今日禹州》等书刊报纸收录。现藏当代钧瓷千件，精品奇石百余方。

博客：shundianlaoliu.blog.163.com
E-mail: shundianlaoliu@163.com
QQ: 849283756

当代钧瓷鉴赏与收藏

阎振堂老师为本书题字
阎振堂,国家文物局原分党组副书记
原副局长,原直属机关党委书记
中国收藏家协会法定代表人、名誉会长
历任文化部人事司副司长
中国书画收藏家协会会长

法古开今，
群炉凝珍。

贺《当代钧瓷鉴赏与收藏》
出版

李知宴
二〇一二年十月十日北京．

李知宴老师为本书题字
李知宴，中国国家博物馆研究员
北京大学考古系研究生导师
中国古陶瓷学会副会长
中国文物学会专家委员会鉴定委员
中国收藏家协会咨询鉴定专家委员会副主任

> 月沼觀心清若鏡
> 鈞瓷澄懷潤如珠
>
> 劉青年當代鈞瓷收藏集錦留念
> 壬辰春日方書華題

方书华老师为本书题字

方书华，中央电视台财经频道著名制片人

中央电视台财经频道艺术产业策划人

中央电视台现代中国书画电视展播组委会负责人

原《艺术品投资》、《鉴宝》、《寻宝》栏目主编，一手创办《艺术品投资》、《鉴宝》、《寻宝》节目

> 窑变乃中华陶艺之魂
>
> 刘青宇先生存念
> 壬辰夏月 毛晓沪题

毛晓沪老师为本书题字

毛晓沪，当代著名古陶瓷鉴定专家

北京华夏物证古陶瓷鉴定中心主任

中国古陶瓷鉴定中心首席鉴定师

原中央电视台《鉴宝》、《寻宝》、《艺术品投资》

及河南卫视《华豫之门》等节目特约专家

《人民日报》、《人民网》艺术品投资栏目专家团资深顾问

《失落的宝藏》、《陶瓷造假大揭秘》等多集电视节目的主创策划

> 弘扬钧瓷文化 繁荣工艺美术
>
> 张玉骉
>
> 2012年5月16日

张玉骉老师为本书题字
张玉骉，中国工艺美术协会副理事长
河南省工艺美术协会理事长
河南省工艺美术学会会长

本书作者与阎振堂老师（右）

本书作者好友郎丰君博士与李知宴老师（右）

本书作者之子与方书华老师（右）

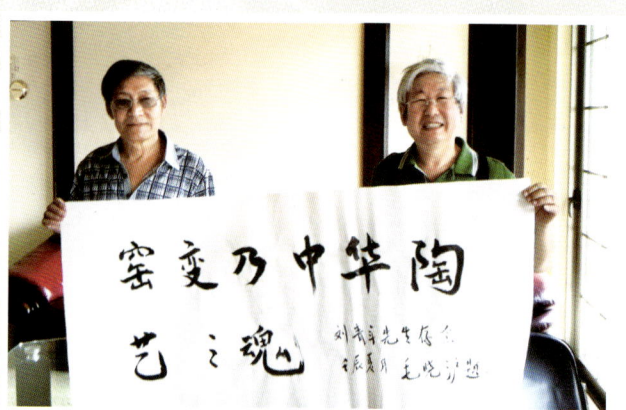
本书作者与毛晓沪老师（右）

【老骥伏枥 志在弘钧】

　　我在 2010 年出版的拙作《古陶瓷鉴定学》一书的封底，曾专门附了一段"献给读者的话"，其中写道："学问不在官府，学问常在民间。纵观中外文明史，从孔子到鲁迅，从哥白尼到爱因斯坦，凡成就大学问者，无不出自民间，只是后来庙堂与江湖常常相融而已。"

　　细细阅过资深收藏家、鉴赏家刘青年先生历近二十载潜心收藏并结集即将付梓的《当代钧瓷鉴赏与收藏》一书，慕佩之余亦生颇多感慨。刘青年先生孜孜以求、痴心不泯之收藏阅历以及由此练就的超凡脱俗的鉴赏卓识，亦作为一个典型个案，印证了"学问常在民间"这一颠扑不破的真理。

　　作为来自瓷区一线的资深"发烧友"，刘青年先生长期探索并能俯下身子深入考察当代钧瓷的人文历史、产地窑口、审美取向、窑变艺术、制作及烧成工艺，同时虔心关注市场、了解市场、参与市场，对当代钧瓷的新动向了如指掌，故而能够浪里淘沙，练就一双火眼金睛，同时亦在长期的收藏实践中培育了其朴素但又弥足珍贵的钧瓷鉴赏与收藏理论。

　　纵观《当代钧瓷鉴赏与收藏》一书，刘青年先生关于"釉变"、"当代钧瓷鉴赏"等论述鞭辟入里，切入肯綮，自成一家之言；而"当代钧瓷价值评估"一文，则对钧瓷价值的合理定位做了认真分析，大胆破解，使人耳目一新。其所收藏的钧瓷大珍型正釉奇，精美绝伦，令人钦佩之至。全书除却百余幅窑火凝珍的钧瓷彩图外，还配有淳美高朗的解读文字，可谓图文臻茂，相得益彰。

　　期盼刘青年先生的《当代钧瓷鉴赏与收藏》一书能尽早面世，以飨诸界读者；同时，亦希冀有更多的像刘青年先生这样的有真正收藏实践经验兼具弘论卓识的有为人士关注中国绵延千年的陶瓷文化，为弘扬国粹、传承经典而不懈努力。

2012 年 6 月 8 日

【自　序】

　　华夏文明源远流长，中华传统文化博大精深，对英文名为"China"的中国而言，瓷器文化自然是华夏传统文化这个王冠上当之无愧的明珠，其中"家有万贯，不如钧瓷一件"的帝王之瓷－钧瓷－又毫无疑问地是这些明珠里最闪亮的那一颗。北宋晚期钧官窑只为宫廷烧制御用钧瓷，宋徽宗禁止民间私藏，因此存世、出土之古钧瓷少之又少。当代钧瓷始于二十世纪五十年代，经过几十年的传承与创新，终以崭新的面孔再现在世人面前。

　　本人身居钧瓷之都，二十年前与钧瓷结缘，如同一个孩童在茫茫瓷海边偶然拾得钧瓷这颗明珠，从此便久久踯躅，不肯离去。时光荏苒，如今对钧瓷的痴恋却与日俱深。多年来流连于大大小小的钧瓷窑口，长期混迹于形形色色的各类钧瓷市场，经历了"衣带渐宽终不悔，为伊消得人憔悴"的苦苦寻觅，也深陷过"此情可待成追忆，只是当时已惘然"的无奈，当然也少不了"蓦然回首，那人却在灯火阑珊处"的欣喜。茫茫瓷海，浪里淘沙，幸而终有所斩获，收藏了一些经得起时间洗礼的当代精品钧瓷。

　　欣喜之余，斗胆小辑本书，与众爱好者分享一些当代钧瓷的鉴赏心得与理念，并附以一些具有代表性的钧瓷图片，以便更加直观地向读者展示钧瓷的艺术特性与文化内涵，使初玩者更容易读懂钧瓷，更好地把握钧瓷收藏的精髓，扩展收藏视野。同时，也希望能为中国钧瓷鉴赏、收藏标准之完善尽自己一份绵薄之力。

　　因为钧瓷属"窑变釉"，所以本书着重讨论的是"釉变"效果，本书中所选器物也以"釉变"为主要准则，不讲究级别名分，既有出自钧瓷界泰斗的大师级精品，也有"名不见经传"的匠人打造出的让人眼前一亮的"惊鸿之作"。由于照片出自本人家用相机，并囿于摄影技术，难以把钧瓷的纹理之美最充分地呈现出来。且因水平有限，时间仓促，相信也没有将所集藏品的"釉变"意境、文化内涵全部解读出来。正如一千个人眼中有一千个哈姆雷特，具有不同学识、经历、眼光、偏好的人对钧瓷"釉变"自然也有不同的解读。本书只是抛砖引玉，愿与各位钧瓷文化的爱好者相互切磋，共同提高鉴赏水平。

　　当代钧瓷虽非古董，但"釉变"的独特性决定了极品珍钧的偶然性与稀有性，并自然使其具有了极高的艺术价值和收藏价值。钧瓷收藏最首要的在于把握钧瓷"釉变"中所承载的文化内涵与观赏价值、烧成之难易程度等因素，同时兼顾器形优劣、大师名气、人文价值、历史价值。

　　与其他任何收藏相似，钧瓷收藏自然也离不开眼力、魄力、毅力以及财力，但当下对财力的要求与其他藏品比相对较低。目前钧瓷收藏群体尚小，钧瓷作为收藏品种尚未在主流艺术市场上被充分关注，尽早介入应是不错的选择！

　　本人学识粗浅，疏漏之处在所难免，恳请各位读者多加指点，予以雅正。

　　钧瓷收藏之道："路漫漫其修远兮，吾将上下而求索"。

目录

1 老骥伏枥,志在弘钧(毛晓沪)
2 自序
3 当代钧瓷也珍贵
4 釉变
5 当代钧瓷鉴赏
6 炉钧(卢钧)
7 当代钧瓷价值评估
8 图版目录
9 藏品赏析
10 后记

当代钧瓷也珍贵

钧瓷有别于其他瓷种，钧瓷釉层肥厚，窑变独特，入窑一色，出窑万彩，五彩纷呈，乳光玉润。人们爱它艳美稀缺的釉色、鬼斧神工的釉画以及韵味无限的诗情画意！

当代钧瓷的恢复生产刚刚走完几十年的风风雨雨，虽然多年来被国家各大机构、博物馆、各界名人收藏，也经常被作为国礼赠送给各国要人，但它毕竟还很年轻。全国知道钧瓷的人不多，懂者更少！尽管现在有些作品已达到珍贵的收藏级别，但却没有被多数人认识，没有被藏界关注，更没机会像古懂、书画那样堂而皇之地成为拍场的主打品种！高端藏家不认识它，一般百姓买不起它，成了"穷嫌富不爱"的边缘艺术，结果是国宝级的钧品委身于一般藏家，价值得不到认同，价格得不到体现！造成这种局面的另一个原因是受传统理念的羁绊，把钧瓷同其他瓷种相提并论，认为现在的东西不值钱，不值得收藏。其他瓷种千瓷一面，无论何种釉色，何种图案，想要多少就能克隆出来多少（大师亲手所绘除外）。而钧瓷则是凭自然窑变形成的釉色和釉画（那些烧成容易，大致类同的釉色数量巨大，属常品，除外），而那些难得的稀有釉色，尤其是极难见到的奇妙釉画，有的像人、像物，神形兼备；有的像大自然景观，意韵万千；有些富含禅意，给人以启迪和智慧！这些千载难逢的钧瓷绝品，是国之瑰宝，是全人类的艺术财富，对于热爱收藏的人来说，不能收而藏之将是真正的遗憾！

大家都知道翡翠珍贵，那么所有翡翠都珍贵吗？当然不是，只有少量色美、种透、工好的才珍贵，并且价值持续攀升，就是因为它好，因为它少！那些品质差、数量大的普通翡翠，价格要低廉得多，也不会有太大的升值空间。它并不分年代远近，只要好，即使是新品也照样值钱。再说书画作品，当代的书画家有的去世了，有的还健在，他们好的作品也同样值钱！这样的例子还有很多……钧瓷是火的艺术，其中的稀有品，论质量它已超越宋钧；论稀有性，它独一无二，不能人为复制，是永远的孤品。因此钧瓷比很多艺术品更具魅力，更有收藏价值！

现在钧瓷收藏刚进入萌芽期，被关注度不高，更没有进入高端收藏领域，现在很多收藏级钧瓷的市场价格还处于地板价，就像原始股，有远见并耐得住寂寞的玩家趁早介入应该会有不错的期待和回报！

釉　变

　　钧瓷美在釉变，奇在釉变，珍贵也在釉变！釉变是钧瓷与其他瓷种的根本区别所在。其他瓷种都是可人为控制的，所以，它们的造型到釉色生成全靠艺术家的创作，而钧瓷不是纯人为的艺术，是天人合一的产物。钧瓷釉变是受很多条件因素制约的，除了釉种、天气、窑内温度、窑内气分、风向、装窑位置等等人们可知的条件外，还有不为人知的、没有被人们发现、感知的神秘因素，所以，钧瓷的好坏是由釉变决定的！每次开窑前的期盼，开窑中的心跳，开窑后的惊喜都是因为釉变，可以说，从钧瓷诞生之日起便决定了钧瓷的生命是釉变，钧瓷的魂是釉变。千年来代代窑工为之奋斗、为之探索、为之追求的都是釉变，甚至不少人为此倾家荡产，并有人为此献出生命！一句话，钧瓷是为釉变而生！为釉变而长！如果抛开釉变就不是钧瓷！釉变出的文化符号才是真正的钧瓷文化，釉变是钧瓷的立身之本，釉变是钧瓷的艺术之源，不重釉变，钧之不存！好的珍稀釉变是永恒的，是不可复制的！只有个性独特、稀有、奇美的釉变才是构成极品国宝的首要条件，这样的艺术才是永恒的，不可颠覆的！

　　钧瓷的魄力在于釉变的特殊性，而不是造型的新奇，我们提倡造型精美流畅，重视其文化内涵，但不能本末倒置，艳美、稀缺的釉色，鬼斧神工的釉画，韵味无穷的意境才是钧瓷的生命，造型只是一种载体。钧瓷有别于其他瓷种，不管造型有多美、多奇、有多少文化元素，也不管出自哪位名家之手，都不能决定某件作品的终极价值，这些只能是钧瓷文化的外延价值，附加价值！再好的造型，都不会独一无二，都能人为仿造，韩美林大师设计的钧瓷作品大器、新颖、美观，文化内涵丰富，可有的种类被大量仿造，很多仿造品釉色一般，大致类同，艺术价值与收藏价值大大降低。而特殊的釉色、釉画则永远不会有类同的第二件！原钧瓷二厂的"寒鸦归林"、晋家的"富士霞光"早已名留青史，它们的造型都只是个最易复制的盘子，但釉变使其独一无二，收藏价值陡增。很多大家、名人为钧瓷题字，留诗，作词也都是为了釉变。釉变决定了钧瓷的稀、美、奇、绝，这历来是藏界的收藏准则与不二真理！永远是收藏家们不懈的孜孜追求！

当代钧瓷鉴赏

钧瓷不是纯人为艺术，除了造型，它没有前期的设计和创作，作品最终的效果如何，全凭窑变的偶然性，可能价值连城，也可能一文不值。其他各种艺术品的产生都需要艺术家的创作，需要前期的文化铺垫，遵循大师们的精心设计而产生出各式各样的艺术品，而钧瓷是火的艺术，钧瓷的釉变全由窑火决定，即使有人为因素，最后的结果还是取决于火的掌控，所窑变出的文化才是钧瓷艺术的精髓。不管哪位大师，哪位艺术家，在钧瓷窑变面前都显得很无力，很无奈。少数钧瓷的窑变意境、文化内涵博大精深，所展示的美学价值令人震撼，我们要用心去品味，去解读，去发现。人之美在心，钧之美在意，心意相通，情景交融。我们赏玩钧瓷的主题首先是选取窑变所展现的形式美学，而不是简单的传统标准。我们在鉴赏钧瓷过程中要抓住主题，去粗存精，慧眼识宝，留住珍钧。其鉴赏主题具体表现在型、质、色、纹（画）、韵这五方面，即：1、观其型，2、认其质，3、看其色，4、辨其纹，5、品其韵。

型：钧瓷造型要求简洁、端庄、大气，做工精细、规整。

质：胎质要求坚实、致密、厚重，釉质要求致密、温润、浑厚、活泼。

色：釉色首先要求纯正、稀少，有个性，或艳美或含蓄，或淡雅或拙朴，或纯净或五彩渗化乱中有序。

纹（画）：纹路精美、奇巧，窑变自然、丰富，形象逼真，画面合理，形、神皆备。

韵：窑变道法自然，意境悠远，有神韵、风韵、气韵、情趣，令人神往，让人暇想，或富含哲理，能给人智慧，给人启示。

钧瓷工艺发展至今，已演绎出很多釉种，如乳浊釉、玻璃釉、亚光釉、桔皮釉、立体釉（缩釉）、结晶釉等等，并随时间的推移，还会开发出种种釉别，形成的釉变效果各有所长，各具特色，但总的原则是必须有釉变，没有釉变不能为钧瓷！几十年来几代人研制出的各类钧釉配方成千上万，其烧成结果都是有好有坏，所以，不要太计较何种釉，要看结果，只要釉变漂亮，只要有内涵，只要稀缺，形成难度大，有个性，这就是好钧瓷！

现简单介绍几种值得收藏的窑变效果，仅供参考。

1、釉变自然、奇特，象形，象物，如景，似画，并要神形皆备，不留人为痕迹，少有杂纹干扰，形象突出，画面合理，自然奇缺，不可复制，此乃钧中极品。

2、釉变色彩纯正、洁净、高贵、淡雅、稀有。釉质细腻、致密、浑厚、活泼，可与宋钧媲美，现在偶有所见，此乃钧瓷爱好者的一致追求。

3、釉变丰富，多姿多彩，纹路精美，视觉冲击力强，乱中有序，花而不俗，产出不多。

4、釉变质朴古拙，斑驳奇妙，诡秘含蓄，其观赏主题并不符合形式美学的规律，赏的只是一种趣。有种与众不同的"怪"和"异"，令人"非夷所思"，令人肃然起敬，产出极少。

5、釉色纯净，釉质浑厚莹润，玉质感非常强，似玉非玉胜似玉。釉色釉质俱佳者产出极少，人见人爱。

6、釉色纯正，过渡自然，有一定特色，高雅不俗，烧成难度较大。

最后再讨论一个问题，有人看到某件作品窑变太过具象，就简单认为不是窑变，是人为的，一概否认。其实这种说法过于偏颇，因为钧瓷釉厚，属流动性釉质，不可能画什么成什么，纵观几十年钧瓷发展史，出现过很多人为描绘，都想烧出点名堂，结果烧成者有几件呢？烧成后不是面目全非，就是人为痕迹明显，物象呆板，没有神韵，缺少艺术魅力，不符合钧瓷艺术的窑变规律。整个钧瓷界能真正烧出物象又有神有韵、不留人为痕迹的产品都是极其偶然的现象，真正是凤毛麟角，极为珍贵。即使有人巧因素，最终都取决于火的操控，所以如果遇到一个真正自然具象的产品，只要它没有人为的明显痕迹，又不可能人为复制，就是永远的孤品，这样的结果也正是大家都在想方设法企盼的艺术之巅，因为它符合形式美学，又极为难得，是不可多得的极品，因此不能粗暴地去否认它、抛弃它，我们衡量一件此等作品的标准必须首先看有无人为描绘的痕迹，再看有无神韵，是否自然，如果这两项没有问题，那就没必要再去纠结，应当机立断：你遇到了神品、绝品！

炉钧（卢钧）

钧瓷乃宋代五大名瓷之一，传世极少，所以，历代有"家有万贯，不如钧瓷一件"之说！清晚期由于各地古玩业相当兴旺、繁荣，收藏钧瓷也盛极一时，不少古玩商到处高价搜购钧瓷。当时禹州神后镇的陶工卢振太、卢振中及子侄辈天福、天恩、天增兄弟等人受其影响，立志恢复钧瓷。他们跋山涉水，不辞劳苦，寻矿找料，经过多年反复试验，在光绪初年，终于用风箱小炉烧成了小件仿宋钧瓷！后又经卢家第三代传人广同、广东、广华、广文等人进一步追求探索，苦苦研究，试验多年，终于在光绪末年烧成了能与宋钧媲美的小窑卢钧。因用小炉烧成故称"炉钧"，又因各种工艺、配方为卢家独创，所以又称"卢钧"，其作品非常精美，曾被英国大不列颠博物馆误作宋钧收藏！卢家为钧瓷的恢复、发展投入了几代人的心血，功不可没！

清中期南方诸窑系曾创烧过低温釉有窑变效果的仿钧器，时称炉钧，它与清后期神后卢家的炉钧从工艺、配方、烧成温度、窑变效果，各方面都有本质区别，属两个不同概念！

改革开放的大潮带来了中国经济的腾飞，百姓生活水平逐年提高，"盛世收藏"再现，并且比有史以来任何时期都更迅猛，更普及，更繁荣。而钧瓷在建国后迅速发展，"昔日王榭堂前燕，飞入寻常百姓家"！"卢钧"是钧瓷百花园中一颗璀灿明珠，艺术奇葩，钧瓷界人士都梦想烧成炉钧，拥有炉钧，但直到现在仍停留在"十窑九不成"的阶段，一窑每次只能烧一至数件小件产品，并很难烧成。

注：因当前钧瓷界普遍对炉钧引起关注，创烧者甚多，但烧成方式很庞杂，釉变效果多以带结晶斑为准则，变化比较单一，所以本书只把使用小窑炉、用炭做燃料、用传统方式烧成的作品称为炉钧，其他作品本书暂称为"仿炉钧"。

当代钧瓷价值评估

  钧瓷的价值评估一直是个难解的话题,它严重制约了当代钧瓷文化的发展和传播。一件珍品钧瓷有人视为无价之宝,有人认为不如买个普通瓷碗可以吃饭来得实用!之所以认识差别如此之大,一是由于各人的学识、涵养、爱好等各方面的差异;二是钧瓷恢复发展时间太短,很多人还不了解钧瓷;三是当前钧瓷价值评估体系尚未形成,缺乏相对统一的价值评估依据。在艺术大发展的今天,钧瓷艺术这支奇葩要尽快同国际艺术接轨,急需一个合理的价格定位,便显得尤为重要和紧迫。

  比如极少数釉变出自然图案、物象的极品钧瓷的估价,完全可以参照绘画的行情来作参考。因为我们在评判其艺术价值高下的时候,基本上是参照绘画标准得来的。但它却是不朽的画,是泥与火的杰作,既不可思议,又实难人为,是永远的孤品,更显弥足珍贵。由此可以认为当代极品、珍品钧瓷的价位一直是被严重低估的,其实际价格应该高于(至少等同)具有同样艺术观赏价值的绘画作品的价格。国画买卖一般按平方尺计算价格,参照某些艺术品拍卖成交纪录,当代大师每平尺的成交价格一般要几十万元,近代大师每平尺成交价在百万以上,古代名画每平尺更在千万以上。钧瓷是火的艺术,是天人合一的艺术作品,每件极品钧瓷的出现都极为难得,都会让人觉得非夷所思,实际上都要比绘画作品更稀有,更具有不可复制的唯一性,每件二十至三十公分左右的极品钧瓷大约可以视为一平尺画作,一件一米以上大型钧瓷如果釉变出精美图象,可以同一幅中堂画相媲美。

  再如,现在景德镇当代名师手绘的作品拍卖价已达百万、千万以上,国家级大师一般作品在数十万元,省级大师作品一般在数万元。而钧瓷偶然窑变出的图画是永远的孤品,不可能人为复制,有的钧瓷窑变虽没有具体图案,但釉质浑厚、活泼、釉色纯正、高雅、釉变稀有、难得,有的已超越宋钧,这些自然形成的窑变效果难度都很大,非常稀有,大多都是百窑难遇的珍品、绝品,也同样是出自各类大师之手,可它们目前的价位明显低得多,显得很不合理。

  至于那些烧成容易,釉色平常的钧瓷作品,因数量巨大,窑变艺术水平一般,大多属常品。而极少数特殊礼品或历史积淀丰厚的作品,价格则应随其附加的人文价值而定。

图版目录

窑口	窑变效果	页码	窑口	窑变效果	页码	窑口	窑变效果	页码
晋佩章	日暮苍山远	1	晋佩章	青天碧海	49	晋佩章	春山叠翠	97
颂韵楼	彩练当空	2	乔建立	曙光	50	晋佩章、尹建中	翠、紫	98
王秋红	春满杏林	3	乔建立	五彩渗化	51	刘瓷辉等	神鸟、生命	99
李和振	窑变万彩	4	王秋红	碧水红花	52	王秋红	桃花源	100
颂韵楼	雨过天晴	5	王秋红	残荷	53	晋晓瞳	群峰曦瑞	101
李和振	天女散花	6	晋佩章	鱼子纹	54	晋佩章	大海晚霞	102
李和振	宋钧再现	7	李和振	九天祥龙	55	华艺钧窑	仙鹤图	103
颂韵楼	春江红花	8	王秋红	鹰击长空	56	晋佩章	雄鸡报晓	104
孔家钧窑	铁绣生花	9	王秋红	洞天	57	赵伟	红色旋风	105
颂韵楼、李和振	彩虹、天青	10	李和振	福娃	58	李和振	五彩锦缎	106
晋佩章	大海潮涌	11	尹建中	祥瑞	59	晋佩章	奇峰竞秀	107
苗宗贤	枣皮红	12	晋佩章	春江红花	60	张建剑、乔建立	孩儿脸等	108
晋佩章	蕉荫	13	晋佩章	江山如画	61	乔建立	烟光凌空等	109
李和振	万彩纷呈	14	晋佩章	红翡绿翠	62	李和振	胭脂红	110
李和振	大千写意	15	晋佩章	桃源春色	63	金丰钧窑	接天莲叶无穷碧	111
颂韵楼	春绿江南	16	金丰钧窑	寿比南山	64	颂韵楼	宋韵	112
尹建中	晚霞一抹、湖光山色	17	王秋红	新芽摧春、海底世界	65	张义	五彩滨纷	113
李和振	金秋晓月	18	李和振	大璞之美	66	颂韵楼	神秘	114
李和振	晨曦初露	19	乔建立	紫翠凝香	67	颂韵楼	宋韵	115
李和振	丛中蜂舞	20	丁建中	三峡秋色	68	王秋红	晨曦染苍谷	116
李和振	战地黄花	21	丁建中	瑞雪	69	李和振	元风宋韵	117
李和振	江山万里图	22	李和振	雪舞丰年	70	张占领	和合二仙	118
晋佩章	九曲黄河	23	温冠	彩球盖日庆大典	71	张占领	鱼跃龙门	119
晋晓瞳	仙姿飘渺	24	晋佩章	类翠似玉	72	文国政	艳美	120
晋佩章	紫玉生香	25	李和振	十里荷香	73	李占伟	含蓄	121
晋佩章	鱼子纹	26	不明	百舸争流	74	颂韵楼	铁骨铮铮	122
晋佩章	鱼子纹	27	不明	西天路上	75	颂韵楼	诡秘	123
晋佩章	层峦叠嶂	28	颂韵楼	宋韵	76	晋佩章	珠肌凝翠	124
晋佩章	春暖花开	29	颂韵楼	如玉	77	晋佩章	大海朝霞	125
不明	雨过天晴	30	晋佩章	杨家点将	78	李和振	藏宝洞	126
李和振	雨中海燕	31	晋佩章	花径迎客	79	乔建立	红运当头	127
晋佩章	秋菊凝香	32	钧台钧窑	千里冰封	80	王秋红	红梅闹春	128
晋佩章、崔松伟	春绿大地、深沉	33	不明	鹿回头	81	李和振	湖水浮萍	129
华艺钧窑	二泉映月	34	王秋红	春夜	82	李和振	飞花流絮	130
荣昌钧窑	拨云寻古道	35	杨志钧窑	长空雁叫霜晨月	83	李和振	落樱缤纷	131
张占领	载歌载舞、化蝶	36	王秋红	红红火火	84	金丰钧窑	鱼始化龙	132
张占领	力挽狂澜	37	王秋红	林海雪源	85	金丰钧窑	银狐献瑞	133
丁建中、尹建中	宋韵、渡头落日	38	颂韵楼	宋韵	86	金丰钧窑	大山深处的曙光	134
李和振	玫瑰红	39	颂韵楼	天籁之音	87	晋佩章	古人诗意	135
崔松伟	秋日红叶	40	李和振	美色重器	88	张占领	天荒地老	136
晋佩章	烟霞万顷	41	李和振	美色重器	89	金丰钧窑	井岗山	137
苗顺亭	彼岸、佛光	42	苗宗贤	朱砂红	90	不明	达摩	138
郑军木	仙源	43	晋晓瞳	人生浪花	91	王府钧窑	泉	139
李和振	春花烂漫	44	李和振	含羞	92			
李和振	含蓄	45	颂韵楼	极光	93			
张占领	屈子明志	46	李和振	元风宋韵	94			
张占领	喜神到	47	苗顺亭	寒江独钓	95			
晋佩章	五彩渗化	48	晋晓瞳	银河鹊影	96			

窑火凝珍

窑　　口：晋佩章煤烧
艺术效果：窑变自然和谐，朦朦胧胧的远山上风雪苍茫，充满"日暮苍山远，风雪夜归人"的意境，令人神往！

窑　　口：颂韵楼炉钧

艺术效果："彩练"。出土宋钧釉烧制，釉质细腻、致密，釉色清新、淡雅。洁净的青灰釉面上现出隐隐红色条带，如彩练当空，美不胜收！堪比宋钧。

窑火凝珍

窑　　口：王秋红烧制

艺术效果："春满杏林"。此器窑变极美，图像清晰，画面合理，色彩艳绝，
　　　　　如冬梅傲雪，又如红杏飘香。钧中极品。

窑　　口：李和振小窑炉钧

艺术效果：釉质浑厚、细密，釉色纯正多变，金星点缀其间，清新典雅，意韵无限，可与宋钧媲美。

窑　　口：李和振小窑炉钧

艺术效果：窑变丰富，天青釉纯正典雅，结晶斑华而不俗，难得的炉钧珍品。

窑　　口：颂韵楼小窑炉钧
艺术效果：出土宋钧釉烧制，淡淡的天青色如雨过天晴，淡雅高贵，堪比宋钧。

窑　　口：李和振小窑炉钧
艺术效果：釉质肥厚莹润，变化精彩、雅致，犹如天女散花，颇为难得。

窑　　口：李和振小窑炉钧
艺术效果：窑变天青釉，莹润如玉，堪比宋钧。

窑　　口：颂韵楼炉钧

艺术效果："海底珊瑚"。此器用出土的宋钧釉烧制，釉色高雅罕见，粉青釉细腻如玉，铁红斑点缀其身，犹如海底珊瑚，极为难得。

窑火凝珍

窑　　口：孔家钧窑烧制炉钧（任俊伟收藏并供稿）
艺术效果：釉质厚重，釉色天青、天蓝、紫罗兰叠加渗化，高贵典雅，
　　　　　铁锈斑遍布全身，又多几分神秘和情趣。

窑　　口：颂韵楼炉钧
艺术效果："彩虹"。出土宋钧釉烧制，
　　　　　釉质细腻致密，釉色清新淡雅。
　　　　　洁净的天蓝釉面中，透露出晚霞红晕，
　　　　　如雨过天晴现彩虹，壮丽美观！堪比宋钧。

窑　　口：李和振小窑炉钧
艺术效果：釉质浑厚，细腻致密，
　　　　　釉色纯真淡雅，可与宋钧媲美，
　　　　　非常难得。

窑　　口：晋佩章煤烧
艺术效果：雪花蓝釉配鱼子纹，疏密有致，如大海潮涌，波澜壮阔。

窑　　口：苗宗贤煤烧

艺术效果：窑变出枣皮红色，高温天成，在煤烧作品中如此釉色实属难得。

窑火凝珍

窑　　口：晋佩章柴烧

艺术效果："蒹葭"。窑变奇美,下方是烟雨朦胧的江水,其他部位是一望无际在风雨中摇曳的茫茫芦苇。意境幽远,充满诗情画意。"蒹葭苍苍,白露为霜,所谓伊人,在水一方"。

窑　　口：李和振小窑炉钧

艺术效果：釉质温润，细腻，致密，釉色丰富多姿，色彩纯正鲜艳，又有金星遍布，实属百年不遇之珍品。

窑　　口：李和振小窑炉钧
艺术效果：釉质浑厚，釉色艳美，绿中带黑，斑斑点点，随意飘洒，有如大师张大千的泼墨写意，耐品耐看。

窑火凝珍

窑　　口：颂韵楼炉钧（A、B面）
艺术效果：造型规整，釉质细密，色彩丰富多变，
　　　　　蓝天，碧水，红花，烟云。
　　　　　一幅难得的春绿江南图卷。

窑火凝珍

窑　　口：尹建中煤窑
艺术效果："晚霞一抹"。此器釉质浑厚，窑变自然难得。

窑　　口：尹建中煤窑
艺术效果：釉质浑厚，色彩变化自然和谐，
　　　　　一幅湖光山色图景，令人向往。

窑　　口：李和振小窑炉钧

艺术效果：窑变奇妙，有金秋晓月之意境，含蓄耐看。

窑　　口：李和振小窑炉钧
艺术效果：釉质浑厚拙朴，表层紫灰色拉丝，内里透出少见的晚霞红，美轮美奂。

窑　　口：李和振小窑炉钧

艺术效果："丛中蜂舞"。窑变丰富，天青、天蓝、深蓝互相渗化，下有深蓝拉丝，满身金斑点点，对比显著，优雅含蓄，耐品不俗。

窑火凝珍

窑　　口：李和振小窑炉钧

艺术效果：窑变丰富，釉色诡秘，各种色块互相叠加，菊黄色外露，犹如战地黄花。

窑　　口：李和振柴烧

艺术效果："江山万里图"。窑变意境悠远，器物周身幻化出连绵不断的山山水水，构图恰到好处，色彩丰富，令人神往。

窑　　口：晋佩章煤烧

艺术效果："九曲黄河万里沙"。釉质浑厚，莹润如玉，釉变静中有动，意境悠远，富含诗意。

窑　　口：晋晓瞳柴烧

艺术效果："仙姿飘渺"。釉质浑厚，釉色华美多变，层次感强，窑变出众多仙女红妆曼舞的意境，轻盈飘逸，令人神往。

窑　　口：晋佩章煤烧
艺术效果：釉质浑厚，窑变含蓄，釉色美妙，非常难得。

窑　　口：晋佩章煤烧
艺术效果：传统煤烧，传统器型，窑变鱼子纹，自然和谐，厚重大气，浑然天成。

窑　　口：晋佩章煤烧

艺术效果：宋时经典器型，稍低的温度造就了"雪花蓝釉鱼子纹"，青灰色透出远古意境。

窑　　口：晋佩章煤烧

艺术效果："层峦叠嶂"。釉质肥厚，釉色丰富多彩，乱中有序，层次分明，如画家笔下的密体山水画。

窑火凝珍

窑　　口：晋佩章煤烧
艺术效果：造型大气，窑变釉色丰富鲜美，有春暖花开的意境，非常难得。

窑　　口：不明（煤烧）
艺术效果：窑变淡青釉色，干净淡雅，温润如玉。

窑　　口：李和振小窑炉钧

艺术效果：窑变美妙，天青釉色上形成蓝色拉丝，似大雨如注。飘飘洒洒的墨绿色结晶斑，如风雨中的海燕，又如秋雨中的落叶，极为难得。

窑　　口：晋佩章柴烧
艺术效果：造型大气美观，釉变胭脂红、翠绿相映互溶，漂亮大方，晋大师的经典作品。

窑火凝珍

窑　　口：晋佩章煤烧
艺术效果：晋大师经典造型，通身春绿，釉色匀净淡雅，温润如玉，十分难得。

窑　　口：崔松伟煤烧仿炉钧
艺术效果：釉质浑厚含蓄，各色结晶互动交融，耐品耐看，颇为罕见。

鉴赏收藏

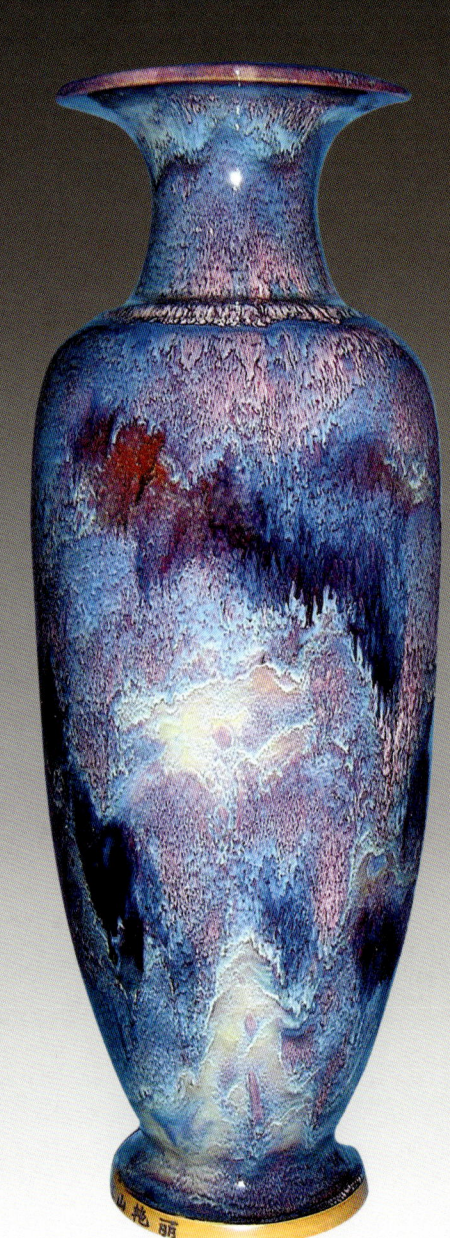

窑　　口：华艺钧窑

艺术效果："二泉映月"。"敲竹问路青石冷，夜夜寻月去二泉。斯世穷困独憔悴，霜冷浊泪入凄弦。一曲绝唱倾天降，泣风苦雨裂云天。哀怨低回催肠断，潭影悠悠明月寒。"——刘文安

窑　　口：荣昌钧窑
艺术效果：窑变精彩，如山林初雪，苍松云雾，有"拨云寻古道，倚树听流泉"的意境。

鉴赏收藏

窑　　口：张占领烧制
艺术效果："载歌载舞"。窑变非常奇特，盘子周围的釉色被氧化，中间留存的红色釉正好成人形图像，头裹白毛巾，手舞彩绸，五官清晰，神态自然，载歌载舞，令人叫绝。

窑　　口：张占领烧制
艺术效果："化蝶"。中间图案幻化出一幅"梁祝"的爱情故事，凄美，神奇，令人感叹。

窑火凝珍

窑　　口：张占领烧制
艺术效果："力挽狂澜"。此盘窑变出一人在汹涌波涛间臂挺千钧，力挽狂澜，无所畏惧，浩气凛然的图像，五官清晰，身形合理，极为罕见难得。

鉴赏收藏

窑　　口：丁建中烧制
艺术效果：仿宋器型，仿宋釉色，难得的仿宋作品。

窑　　口：尹建中煤烧
艺术效果："渡头余落日，墟里上孤烟"。
　　　　　天蓝釉色自然莹润，窑变意境悠远苍凉，给人无限遐想，
　　　　　在煤烧作品中有如此窑变实属不易。

窑　　口：李和振柴烧
艺术效果：釉质细腻，釉色艳美，玫瑰红釉色自然匀净，非常难得。

窑　　口：崔松伟煤烧
艺术效果：传统釉色，莹润如玉，玉中飘红，如秋日红叶，非常难得。

窑　　口：晋佩章柴烧

艺术效果：五彩渗化，气势恢宏，窑变意境悠远，如碧水悠悠，烟霞万顷。

鉴赏收藏

窑　　口：苗顺亭烧制
艺术效果："海峡两岸是一家"。釉质细腻，窑变奇特，
　　　　　意境悠远，犹如海峡彼岸，令人向往。

窑　　口：苗顺亭烧制
艺术效果："西天佛光"。釉质肥厚，釉色纯净，
　　　　　变化自然神秘。如冥冥西天，茫茫南海，
　　　　　在那深奥的远方，隐隐现出万丈佛光，给人安宁祥和之感。

窑　　口：郑军木烧制（直径46cm）
艺术效果：大盘成型不易，釉烧无缺陷更难，最难得的是周围群山环抱，中间现出一片春色，如世外桃源，中间端坐一人，五官齐备，身形合理，两臂自然垂放，神态安详和善，不知是哪位仙人光顾人间。

窑　　口：李和振小窑炉钧

艺术效果：釉质细腻，窑变精美，有春暖花开之意境，十分难得。

窑火凝珍

窑　　口：李和振小窑炉钧
艺术效果：釉质厚重，窑变拙朴含蓄，耐看不俗。

窑　　口：张占领烧制

艺术效果："魂断汨罗"。窑变奇美，主体色调为滔滔江水，一人身着长袍凛然投江，让人联想起屈原以死明志，含恨投入汨罗江的悲壮故事，让人感慨万千。

窑火凝珍

窑　　口：张占领烧制

艺术效果："喜神到"。窑变釉色华美、富贵，中间幻化出一人，人头鹊尾，背景釉色富贵，有喜神临门的意境。

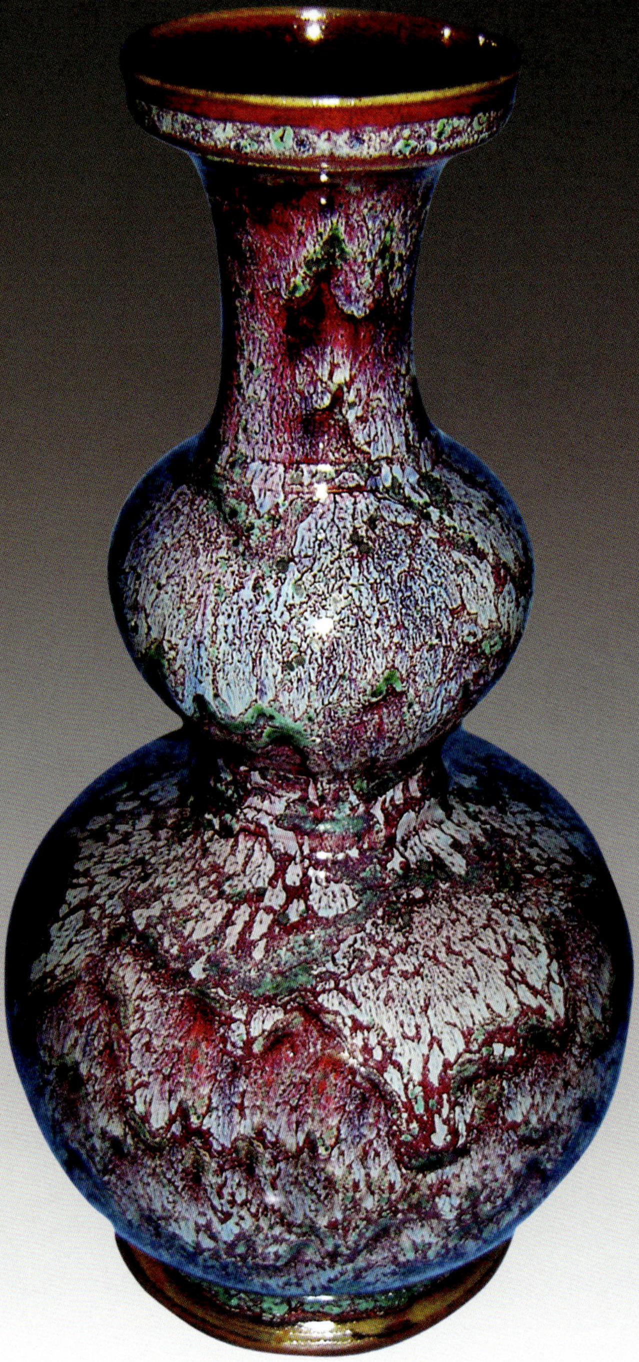

窑　　口：晋佩章煤烧
艺术效果：窑变丰富多姿，五彩渗化，釉色纯正，花而不俗，非常难得。

窑　　口：晋佩章柴烧
艺术效果：此器天青釉色，纯净雅致，上部窑变如白云，如祥龙；
　　　　　下部如海水，如浪花，意境悠远清雅。

窑　　口：乔建立小窑炉钧

艺术效果：釉质浑厚，窑变诡秘，拙朴中透着新意，
　　　　　有"星光欲没晓光连，霞晕红浮一角天"的意境，罕见难得。

窑火凝珍

窑　　口：乔建立小窑炉钧
艺术效果：釉质细腻，窑变釉色拙朴、含蓄、五彩渗化，耐品耐看，非常难得。

窑　　口：王秋红烧制

艺术效果：色彩丰富，釉变奇美，釉画构图自然和谐，意境深远，有"残红花落尽，碧水月初升"的诗意，钧中极品。

窑　　口：王秋红烧制

艺术效果："留得残荷听雨声"。林黛玉喜欢的诗句,她把自己比作一枝飘零、孤寂的残荷,秋阴袭她以寒冷,秋霜袭她以伤疼,秋雨袭她以寥落。雨打残荷,稀疏清冷,听着、听着,不禁要潸然泪下。

窑火凝珍

窑　　口：晋佩章煤烧
艺术效果：经典仿古之作，型正釉美。

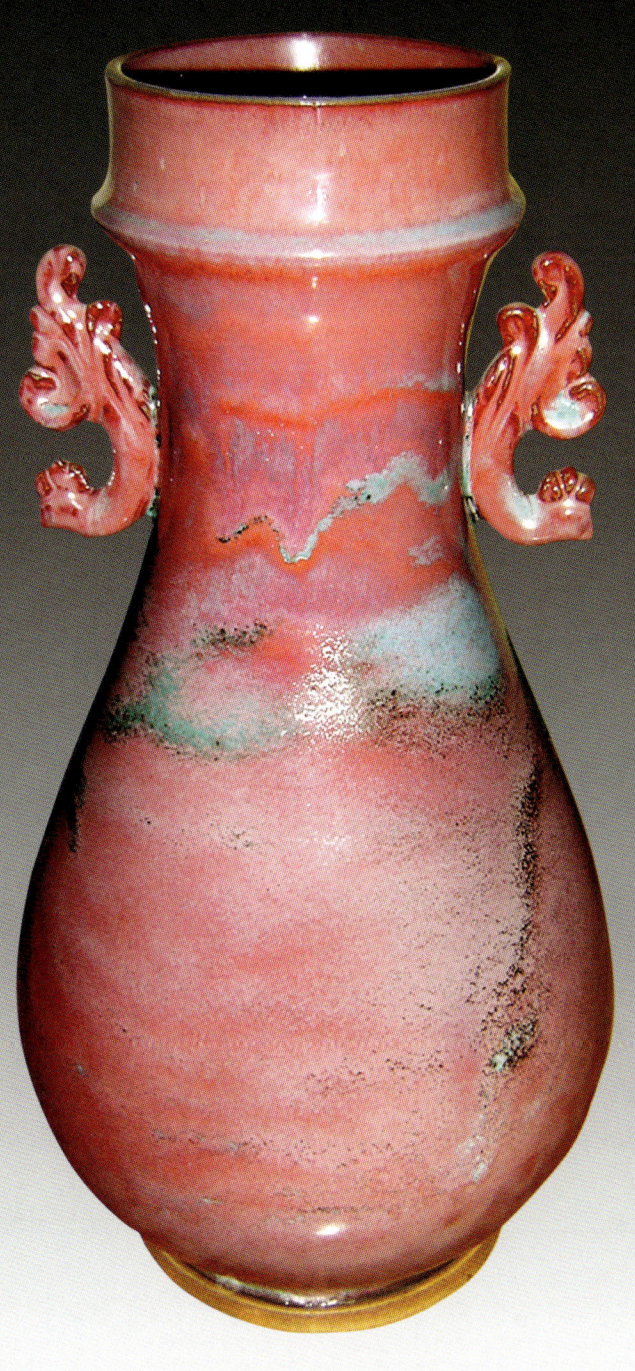

窑　　口：李和振柴烧
艺术效果："九天翔龙"。釉质细腻，釉色变化独特，
　　　　　全红的釉色中突现两片天青，如云似龙，非常难得。

窑　　口：王秋红烧制

艺术效果："鹰击长空"。窑变自然，画面恢弘大气，一望无际的长空中，幻化出展翅冲击的雄鹰，有势不可挡、鹏程万里的气派，让人振奋。

窑　　口：王秋红烧制
艺术效果："洞天"。窑变奇美，构图诡秘，如仙境，似洞天，引人无限遐想。

鉴赏收藏

窑　　口：李和振柴烧

艺术效果：釉质浑厚，变化奇绝，汗漫全身，在成块的绿叶中，幻化出一个孩童图像，五官清晰合理，形象逼真，他是谁？暂且叫他"福娃"吧！

窑　　口：尹建中煤烧
艺术效果：釉色纯净多变，五彩渗化，过渡自然，呈现难得的五彩祥瑞之气。

窑　　口：晋佩章柴烧
艺术效果：釉质细腻，窑变自然和谐，如春江红花，实为难得。

窑火凝珍

窑　　口：晋佩章煤烧

艺术效果：釉质浑厚，窑变奇妙，翠绿釉中透出暗红色的群峰，疏密有致，丝丝连连，
　　　　　如毛泽东"会昌"诗意："会昌城外高峰，颠连直接东溟。战士指看南粤，更加郁郁葱葱。"

窑　　口：晋佩章煤烧
艺术效果：此器窑变釉色华美鲜艳，胭脂红翠绿相映成趣，非常难得。

窑火凝珍

窑　　口：晋佩章煤烧
艺术效果：釉质细腻，窑变自然，釉色奇美难书。

鉴赏收藏

窑　　口：金丰钧窑
艺术效果：此二图为一件器物，造型仙桃，难得之处是形与釉的完美结合，
　　　　　上图呈现出山景和苍松翠柏，暗合了"寿比南山不老松"的意境；
　　　　　下图又多出一个人物形象，平添了几分诗意，
　　　　　有"云山藏客路，烟树记人家"的意境。
　　　　　让人惊叹窑变之美、之奇、之绝！

窑　　口：王秋红烧制
艺术效果：釉质浑厚，窑变精美，
　　　　　有"新芽催春"之意境，让人振奋。

窑　　口：王秋红烧制
艺术效果：窑变奇绝，变化耐看，有"创过冰河玉凝透，
　　　　　晶莹浅底网捕鱼"的感觉，耐人寻味。

窑　　口：李和振小窑炉钧

艺术效果：窑变奇拙，如大自然的璞玉之美，十分难得。

窑火凝珍

窑　　口：乔建立小窑炉钧
艺术效果：釉质细腻、浑厚，釉色匀润、甜美，罕见难得。

窑　　口：丁建中烧制
艺术效果：窑变奇美，色差明显，湖光山色，秀色可餐，很美的一幅"三峡秋色图"。

窑　　口：丁建中烧制
艺术效果：釉质细腻，釉色纯正温润，过渡自然和谐，难得的钧瓷佳作。

窑　　口：李和振小窑炉钧
艺术效果：釉质细腻玉润，窑变天青釉饰银星斑，纯净难得。

窑　　口：温冠钧窑
艺术效果：釉变奇特，釉色精美，有"彩球盖日庆大典"之意境。

窑　　口：晋佩章煤烧
艺术效果：釉质细腻玉润，晋大师早期经典釉色，类翠似玉，非常难得。

窑火凝珍

窑　　口：李和振柴烧
艺术效果：十里荷花香。

窑　　口：不明

艺术效果："百舸争流"。"独立寒秋，湘江北去，橘子洲头。

看万山红遍，层林尽染；漫江碧透，百舸争流。

鹰击长空，鱼翔浅底，万类霜天竞自由。"——毛泽东《沁园春·长沙》

窑火凝珍

窑　　口：不明

艺术效果：这个天蓬元帅因调戏嫦娥被逐出天界，到人间又错投猪胎，猪头猪脸也不改昔日风流。高老庄被唐僧收服，随唐僧取经西去。受尽磨难终成正果。

鉴赏收藏

窑　　口：颂韵楼炭烧

艺术效果：此器用出土的宋钧釉烧制，釉色高雅，过渡自然，宋钧味十足。

窑　　口：颂韵楼煤烧
艺术效果：釉质肥厚莹润，釉色清新、淡雅、纯净，似翠如玉。

窑　　口：晋佩章煤烧（A面）

艺术效果："杨家点将"。今日六郎升大帐，只缘边疆战火急。

窑　　口：晋佩章煤烧（B面）

艺术效果："花径迎客"。"花径不曾缘客扫，蓬门今始为君开"。

窑　　口：钧台窑烧制

艺术效果：釉质浑厚，变化奇妙，幻化出"千里冰封，万里雪飘"的意境，非常难得。

窑　　口：不明

艺术效果："鹿回头"。鹿者，禄也。釉色幻化奇妙，一只仙鹿惟妙惟肖，神态安详，
回首一望，目中传情，是留恋仙界的清高，还是难舍红尘的喧嚣？
此器千载不遇，空前绝后，乃万世绝品。
"福禄寿"，器型名为福寿石，釉变却正好形成一只仙鹿，惟妙惟肖，神形兼备，画面合理，
比例得当，自然传神，活灵活现。虽存有人为之嫌，但实乃千古之偶然，
纹路和谐，背景吉祥，千年神鹿，万古绝唱。

窑　　口：王秋红烧制

艺术效果："春夜"。"梨花院落溶溶月，柳絮池塘淡淡风"。

月光如水，絮落池塘，春天的夜色是如此的轻柔可爱，如诗如画，浪漫迷人。

窑　　口：杨志钧窑
艺术效果："长空鹰叫霜晨月"。霜晨天，黄叶地，西风紧，北雁南飞。

窑火凝珍

窑　　口：王秋红烧制

艺术效果："红红火火"。造型端庄大气，釉变奇特，釉色华美难书，整体效果给人以红红火火、蒸蒸日上的感觉，令人心潮澎湃。

窑火凝珍

窑　　口：王秋红烧制
艺术效果："林海雪原"。釉色淡雅纯净，肃穆悠远，场景开阔，
　　　　　如雪原，如林海，给人无限遐想，让人回味难忘的北国风光。

鉴赏收藏

窑　　口：颂韵楼炉钧
艺术效果：用出土宋钧釉烧制，宋钧造型，
　　　　　窑变奇美，正如宋官钧再现。

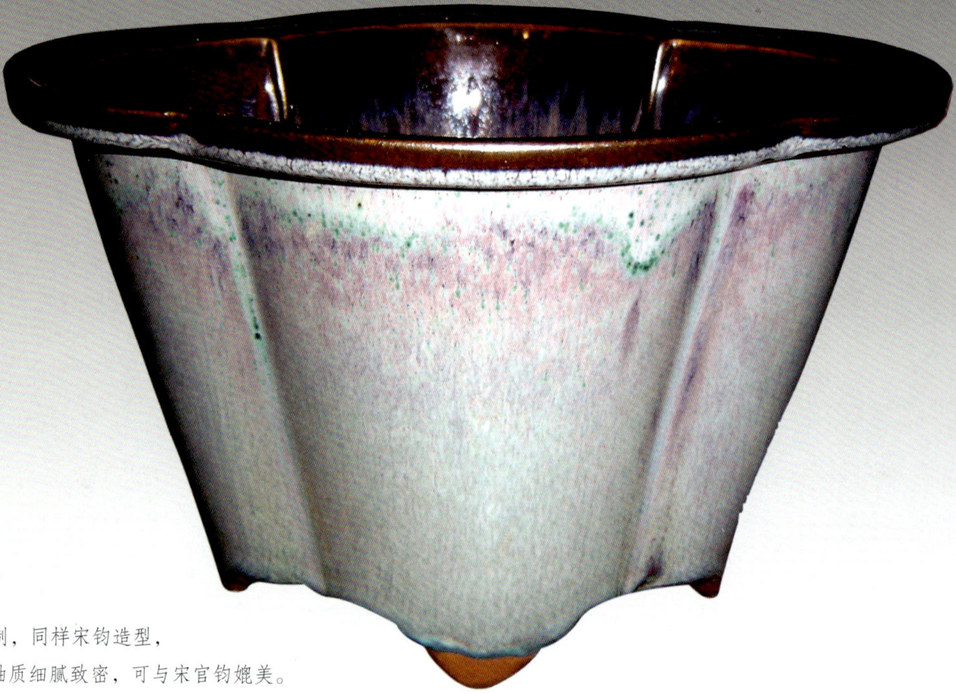

窑　　口：颂韵楼炉钧
艺术效果：用出土宋钧釉烧制，同样宋钧造型，
　　　　　釉色罕见绝美，釉质细腻致密，可与宋官钧媲美。

窑　　口：颂韵楼炉钧

艺术效果：釉质浑厚，窑变奇妙，青灰色中出现深色结晶，互相连接成拉丝空垂，拉丝下端如音符，是"天书"，"天籁之音"，还是"空中悬挂的音符"？

鉴赏收藏

窑　　口：李和振柴烧
艺术效果：造型大气，釉色艳美，属不可多得之重器。

窑　　口：李和振柴烧
艺术效果：造型厚重恢弘，釉色纯正，完整无缺，重器难得。

窑火凝珍

窑　　口：苗宗贤煤烧
艺术效果：釉质细腻玉润，窑变朱砂红，釉色鲜美难得。

窑火凝珍

窑　　口：晋晓瞳煤烧
艺术效果：窑变奇美，色彩多变，各色鱼子纹疏密有致，聚散自然，如浮云，如浪花。
　　　　　最难得的是，下部幻化出一排逼真优美的多彩浪花，让人浮想联翩，
　　　　　提示人生就像一朵美丽的浪花，一瞬即逝，万事如同过眼云烟，一去不返，应珍惜每一天。

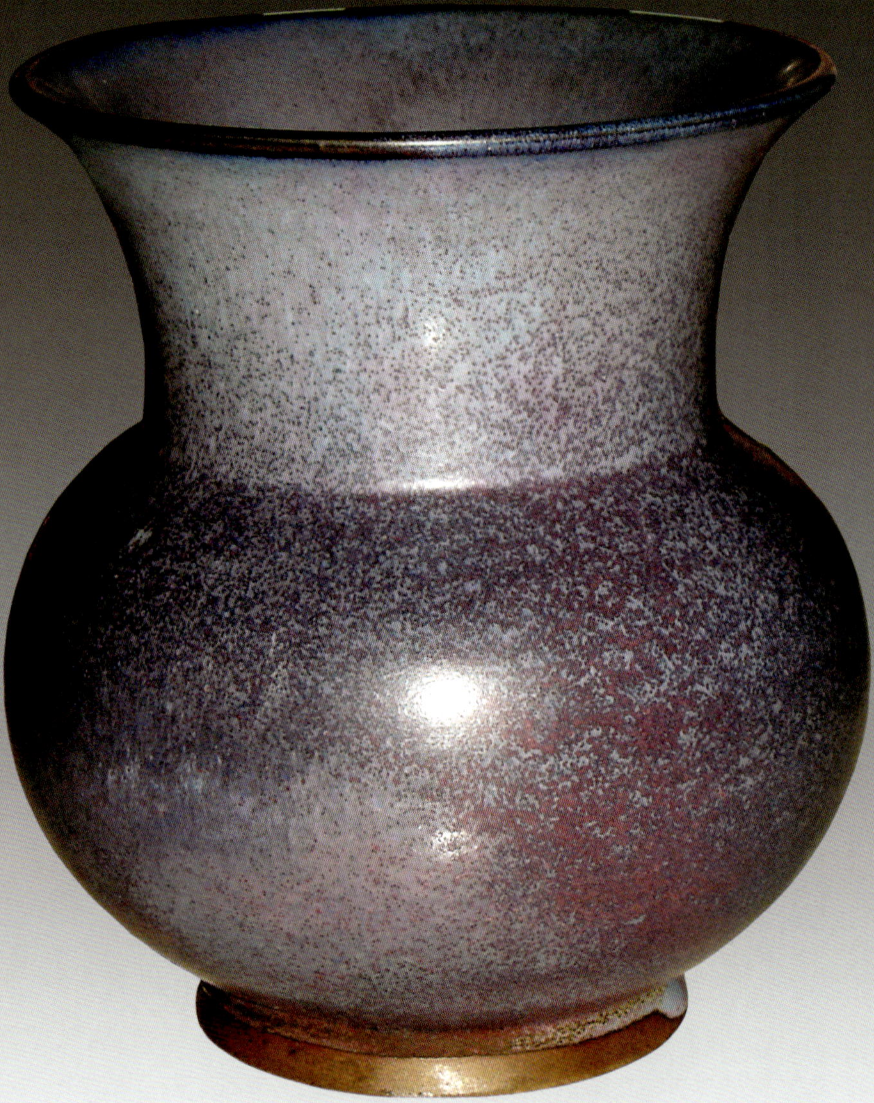

窑　　口：李和振小窑炉钧

艺术效果：窑变深沉含蓄，紫中透红，结晶和谐自然，可与宋钧媲美。

窑火凝珍

窑　　口：颂韵楼炉钧

艺术效果："极光"。出土宋钧釉烧制，釉质细腻致密，釉色清新淡雅，
　　　　　匀净的天蓝釉面中现出一周淡色光环，如极光，如土星光环，优美神秘！

窑　　口：李和振小窑炉钧
艺术效果：釉质浑厚细腻，窑变天兰釉泛红彩，
　　　　　有宋元风韵。

窑　　口：李和振小窑炉钧
艺术效果：釉质细腻，窑变天兰釉匀净淡雅，金星遍布，完整难得。

窑　　口：苗顺亭烧制

艺术效果："寒江独钓"。窑变丰富，耐看耐读。此盘红叶隐隐，寒水悠悠，烟波浩渺的水面上一叶小舟，随波逐流，一人独立船头，场面恢弘，意境悠远，充满诗情画意，非常美的一幅寒江独钓图。
"红叶隐隐水悠悠，烟波浩渺一扁舟。一曲高歌一樽酒，一人独钓一江秋。"

窑　　口：晋晓瞳煤烧

艺术效果：釉质浑厚，窑变含蓄奇妙，棕红釉色中有条灰白色带，如同一条大河，上部灰白纹路如同很多飞鸟，故取名"鹊聚银河"。

窑火凝珍

窑　　口：晋佩章煤烧
艺术效果：釉层肥厚，釉质玉润，釉色淡雅，底部的黑色纹路如两座山峰，一虚一实，一远一近，整体绿釉相配，如春山叠翠，意境悠远。

鉴赏收藏

窑　　口：晋佩章煤烧
艺术效果：窑变翠玉釉。

窑　　口：尹建中煤烧
艺术效果：窑变玫瑰紫釉。

窑火凝珍

窑　　口：不明
艺术效果：神马。

窑　　口：刘瓷辉煤烧
艺术效果：生命。

鉴赏收藏

窑　　口：王秋红烧制
艺术效果："桃花源"。"桃源只在镜湖中，影落清波十里红。
　　　　　自别西川海棠后，初将烂醉答春风。"——陆游

窑　　口：晋晓瞳煤烧
艺术效果：釉色华美多变，好像群峰竞秀，又如西天佛祖讲经。

窑　　口：晋佩章煤烧
艺术效果：鱼子纹疏朗精美，加上红色晕染，好像大海晚霞，意境悠远。

窑火凝珍

窑　　口：华艺钧窑
艺术效果："仙鹤图"。罕见难得。

窑　　口：晋佩章柴烧（高 80.5cm）
艺术效果：窑变釉色华美，器型规整大气，珍贵之处在于大器极难烧成，极易变形，而此器完整无缺，极为难得。

窑　　口：赵伟煤窑
艺术效果：传统釉色，莹润如玉，窑变自然和谐，一边白一边红，旋转灵动，如红色旋风。

窑　　口：李和振柴烧

艺术效果："繁花似锦"。器身淡紫，丝丝缕缕的红色纹线连接着斑斑点点的绿色结晶，犹如七仙女织造的五彩锦缎，淡雅，华美。

窑火凝珍

窑　　口：晋佩章煤烧
艺术效果：窑变活泼灵动，幻化出"奇峰竞秀"的意境。

鉴赏收藏

窑　　口：张建钊煤烧
艺术效果：釉质浑厚莹润，釉色自然鲜美，非常难得。

窑　　口：乔建立小窑炉钧
艺术效果：窑变釉色稀有含蓄，釉质浑厚耐看。

窑火凝珍

窑　　口：乔建立小窑炉钧
艺术效果："烟光凌空"。窑变釉色稀有含蓄，
　　　　　釉质浑厚耐看。

窑　　口：乔建立小窑炉钧
艺术效果：釉质浑厚致密，釉色鲜美难得。

窑　　口：李和振柴烧
艺术效果：胭脂红，精美罕见。

窑　　口：金丰钧窑烧制仿炉钧

艺术效果："接天莲叶无穷碧，映日荷花别样红。"——杨万里

窑　　口：颂韵楼炉钧（高60cm）

艺术效果：出土宋钧釉烧制，窑变天青釉，匀净淡雅，堪比宋钧，小炭炉烧出如此完美大器，更为难得。

窑火凝珍

窑　　口：张义烧制仿炉钧
艺术效果：五彩缤纷，花而不俗。

鉴赏收藏

窑　　口：颂韵楼小窑炉钧
艺术效果：结晶斑遍布全身，釉质厚重，神秘含蓄。

窑　　口：颂韵楼小窑炉钧

艺术效果：宋钧釉烧制，器型规整，有宋钧之美。

鉴赏收藏

窑　　口：王秋红烧制
艺术效果：晨曦染苍谷。

窑　　口：李和振小窑炉钧
艺术效果：釉质细腻莹润，窑变天青釉，纯净均匀，
　　　　　遍布结晶金斑，非常罕见难得。

窑火凝珍

窑　　口：李和振小窑炉钧
艺术效果：釉质浑厚玉润，釉色稀有难得。

鉴赏收藏

窑　　口：张占领烧制
艺术效果：和合二仙。

窑　　口：张占领烧制
艺术效果：鱼跃龙门。

窑火凝珍

窑　　口：文国政烧制（高 60cm）

艺术效果：釉质细腻玉润，釉色淡雅匀净，点斑漂亮，上世纪仿古的经典作品。

窑　　口：李占伟煤烧
艺术效果：釉质细腻，窑变华美，五彩渗化，甚为难得。

窑　　口：颂韵楼小窑炉钧

艺术效果："铁骨铮铮"。造型规整，窑变奇拙，密密麻麻的铁质结晶凸出外露，如浑身滚满钉子的铮铮硬汉，不屈不挠，光明磊落，正气凛然！

窑　　口：颂韵楼小窑炉钧

艺术效果：釉质细腻，窑变诡异，如大海，如海鸥，如密云，如丛林，耐品耐读。

窑　　口：晋佩章柴烧

艺术效果：釉色精美多变，如壁上红花，绿色瀑布，玉珠斑斑倾泻而下，充满动感，富含诗意。

窑　　口：晋佩章煤烧

艺术效果：釉质浑厚，釉色古朴含蓄，各色珍珠点相互渗化，如大海，似朝霞，蔚为壮观。

窑火凝珍

窑　　口：李和振柴烧

艺术效果："藏宝洞"。因烧制过程中釉层滚落而形成的缺陷美令人叫绝，红如玛瑙，绿如翡翠，如同走进阿里巴巴的宝库，琳琅满目，令人惊叹，让人目眩，非常珍贵难得。

窑　　口：乔建立炉钧

艺术效果："鸿运当头"，釉质细腻玉润，釉色纯正美观，变化丰富，如彩云飞渡，如红霞万里，富含祥瑞之气。

鉴赏收藏

窑　　口：王秋红烧制

艺术效果："红梅闹春"。釉色甜美，釉变奇巧，朱砂红釉色中密密麻麻的梅花点珠玑凝香，疏密有致，犹如红梅闹春，喜庆吉祥。

窑　　口：李和振小窑炉钧
艺术效果："湖水浮萍"。造型优美，釉质细腻浑厚，釉色纯正淡雅，
　　　　　湖水蓝釉色配墨绿结晶斑，意境悠远，难得的炉钧珍品。

窑　　口：李和振小窑炉钧
艺术效果：天青、天蓝釉色稀有，拉丝疏朗美观，结晶斑飘飘洒洒，犹如天女散花，优美难得。

窑　　口：李和振小窑炉钧

艺术效果："落英缤纷"。造型优美,窑变奇妙,立体效果斑块与天青釉色相映成趣,罕见难得。

鉴赏收藏

窑　　口：金丰钧窑烧制　福寿石（A面 高52cm）
艺术效果："鱼始化龙"。"笋因落箨方成竹，鱼为奔波始化龙"。

窑火凝珍

窑　　口：金丰钧窑烧制　福寿石（B面　高52cm）
艺术效果：银狐献瑞。

窑　　口：金丰钧窑烧制　福寿石（高52cm）

艺术效果："大山深处的曙光"。黎明的曙光，揭去夜幕的轻纱，吐出灿烂的晨光，唤醒了勤朴的山民，新的一天开始了。

窑　　口：晋佩章柴烧（象耳尊）

艺术效果："楚塞三湘接，荆门九派通。江流天地外，山色有无中。"——王维

窑　　口：张占领烧制

艺术效果："天荒地老"。此盘窑变出一对情侣，卿卿我我，仿佛在诉说着相伴一生的万千情结，极为难得，乃钧中极品。

窑　　口：金丰钧窑烧制（高62cm）
艺术效果："井冈山"。"参天万木，千百里，飞上南天奇岳。
　　　　　故地重来何所见，多了楼台亭阁。"——毛泽东《念奴娇·井冈山》

鉴赏收藏

窑　　口：不明（早期煤烧）
艺术效果："达摩"。造型规整，比例得当，人物表情刻画形象细腻，颇为难得的人物类作品，产出极少。

窑　　口：王府钧窑烧制

艺术效果："泉"。造型规整端庄，人物刻画细腻美丽，形象温柔含蓄，锦缎黄服饰和谐得体，钧瓷人物类造型的佼佼者，产出不多。

后 记

　　为使读者了解各窑口的作品风格，所以，本书每幅图片都尽可能标注了作品的生产窑口和艺术特色，而省略了不太重要的作品规格和作品名称。

　　不管用何种燃料、何种烧成方式，都可以生产出珍钧美器，本书希望能汇各家之长，向读者展示"异曲同工"的釉变之美。书中所载钧瓷作品的烧成燃料既有煤、柴，也有气、炭，在此说明一下：凡煤烧和柴烧的都做了标注，凡没有做标注的基本都是气烧，凡标注为"炉钧"的，都是炭烧。

　　本书得到了原国家文物局副局长、中国收藏家协会会长、当代著名书法家阎振堂老先生的亲切关心与支持，阎老在百忙之中泼墨为本书题写了书名，当面点评了本书并交流了他基于几十年收藏经验所提炼的心得。中国国家博物馆研究员、北京大学考古系研究生导师、中国古陶瓷学会副会长李知宴老师对本书藏品的窑变效果颇为赞赏，并题写了"法古开今，群炉凝珍"的寄语，祝贺本书出版。中央电视台财经频道著名制片人、原《艺术品投资》、《鉴宝》、《寻宝》栏目主编方书华先生为祝贺本书出版，也欣然为本书题字。当代著名古陶瓷鉴定专家毛晓沪先生为本书写了热情洋溢的序言，并题词高度强调了"窑变"对钧瓷艺术和收藏价值的重要性。中国工艺美术协会副理事长、河南省工艺美术协会理事长、河南省工艺美术学会会长张玉骉先生见证了钧瓷多年来的长足发展，欣然在本书样书上题词鼓励。在此我对这些专家对本书的肯定和对钧瓷事业的支持表示衷心的感谢！

　　本书的出版，得到了北京资深媒体人郎丰君博士的鼎力相助和河南工美协会副秘书长孙军先生的大力支持，同时还要感谢各地钧瓷界朋友的支持。

　　AADCU国际机构的蓝青先生、华夏出版社的李欣利先生为本书能以更加完美的版面和效果展现在读者面前提供了非常专业的建议和帮助。

　　我要衷心感谢我的家庭，老伴儿和孩子们这么多年来对我近似痴狂的行为的"容忍"、理解和支持，才使我能够不断发现并保存如此之多心爱的藏品。最后，多亏了儿子和女婿在出版、印刷方面的全力支持，才使本书得以及早付梓。

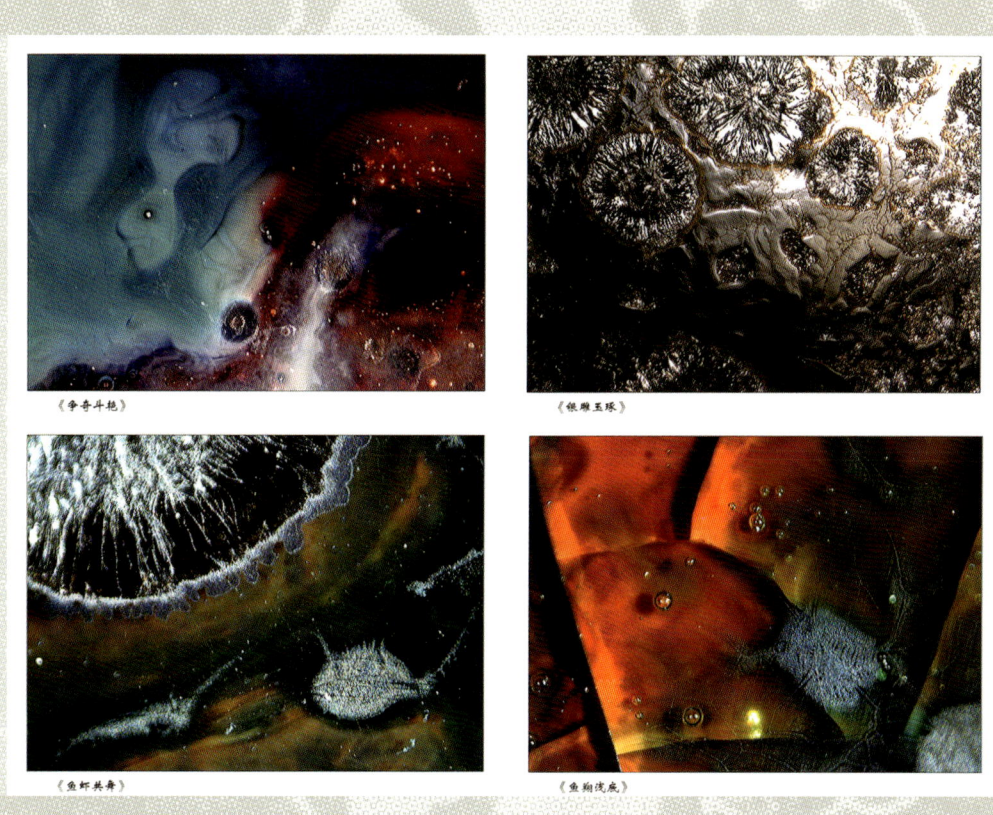

钧瓷微观效果图
马文田先生摄影并供稿

图书在版编目（CIP）数据

当代钧瓷鉴赏与收藏/刘青年著. —北京：华夏出版社, 2013.5
ISBN 978-7-5080-7351-4

Ⅰ. ①当… Ⅱ. ①刘… Ⅲ. ①钧窑—瓷器（考古）—鉴赏—中国 ②钧窑—瓷器（考古）—收藏—中国 Ⅳ. ①K876.34 ②G894

中国版本图书馆CIP数据核字（2012）第300924号

版权所有 翻印必究

当代钧瓷鉴赏与收藏

作　　者	刘青年
责任编辑	李欣利
出版发行	华夏出版社
经　　销	新华书店
印　　刷	北京建宏印刷有限公司
装　　订	北京建宏印刷有限公司
版　　次	2013年5月北京第1版　2013年5月北京第1次印刷
开　　本	889×1194　1/16 开
印　　张	10
字　　数	100千字
定　　价	298.00元

华夏出版社　地址：北京市东直门外香河园北里4号　邮编：100028
电话：（010）64663331（转）　网址：www.hxph.com.cn
若发现本版图书有印装质量问题，请与我社营销中心联系调换。